Woher die Kindlein kommen

Hans Hoppeler

Alpha Editions

This edition published in 2022

ISBN : 9789356711662

Design and Setting By
Alpha Editions
www.alphaedis.com
Email - info@alphaedis.com

Contents

Woher die Kindlein kommen
By Hans Hoppeler

Vorwort an die Eltern.

Die Notwendigkeit, seine Kinder über die Entstehung des Lebens selber zu belehren, statt diese Aufgabe dem Zufall und der Straße zu überlassen, wird heutzutage nur noch von wenigen Eltern bestritten. Und doch ergab kürzlich eine Rundfrage in meinem Kinderpflege-Kurse, daß von den vielen anwesenden Töchtern nicht einmal fünf Prozent durch ihre Eltern sexuelle Aufklärung empfangen hatten. Ursache dieser Erscheinung: es kommt vielen gar schwer vor, den geeigneten Moment, den richtigen Ton, die passenden Worte zu finden, und so wird die Sache wider besseres Wollen immer wieder verschoben, bis man plötzliche entdeckt, (— oder auch jahrelang nicht entdeckt —), daß Gassenbuben oder gute Kameraden längst einem zuvorgekommen sind. Wüßten aber die Mütter, wie die Belehrung ausgefallen, sie würden sich entsetzen. Aus solcher Überlegung heraus entstand das vorliegende Büchlein, ein offenes Wort an Stelle geheimen Flüsterns und ungesunden Tuschelns hinter Eltern und Lehrern. Gebt es euern Kindern nicht zu spät, denn auch das harmloseste Gemüt kann durch unversehens eintretende unberufene Aufklärung Schaden leiden. — Wer die Erzählung zu realistisch findet, bedenke, daß auf diesem Gebiete Verschleierung und allzu blumenreiche Poesie mit der Realistik der Straße niemals in Konkurrenz treten können.

Möge die kleine Arbeit segensreich wirken und manchen Kindern ersparen, was leider vielen von uns Erwachsenen nicht erspart geblieben ist.

Zürich, im Juni 1916

Dr. Hans Hoppeler.

Am Gartenzaune eines freundlichen Hauses an der Freien Straße in Zürich stand ein blonder etwa 40jähriger Herr in dunklem Überzieher, und blickte durch das kleine Vorgärtchen hinein in die geöffneten Fenster des Erdgeschosses. Er trug ein braunes Reisetäschlein in der Hand und kam offenbar vom Bahnhofe. Vielleicht hatte er eine weite Reise hinter sich, war hungrig und müde. Trotzdem schien er es nicht sehr eilig zu haben, an sein Ziel zu kommen; denn schon einige Minuten hatte er nun hier vor dem Hause gestanden, und noch immer machte er keine Anstalten, weiter zu gehen. Es war aber auch wirklich unterhaltsam und lustig, was er da drinnen sah. Eine große Zahl Kinder, wohl fünfzig mochten es sein, saßen da auf langen Bänken, alle mäuschenstill. Die Hände hielten sie alle auf dem Rücken verschränkt, und gespannt blickten sie nach vorn, um die prächtige Geschichte vom Zigeunerfriedel zu hören, die ihnen soeben Tante Emma erzählte. Und wie konnte diese herrliche Tante des Kindergartens erzählen! Grad' zu hören meinte man all' die Glocken, Pfeifen, Orgeln und Ausrufer, wenn sie den Jahrmarkt von Goßlingen schilderte, und Tränen des Mitleids liefen da und dort einem Kinde über die Wangen, wenn sie vom langen Balthasar berichtete, dem Zigeunerhauptmann mit dem furchtbar großen Schlapphut, der den Friedel plagte bei Tag und bei Nacht, bis er seine Seiltänzervorstellungen gelernt hatte. Auf der zweitvordersten Bank saß Hannchen. Ihre dunklen Augen funkelten und ihre kleinen Fäustchen waren fest geballt, sodaß die Fingernägelchen sich tief in die Handballen eingruben. Mit diesen Fingernägelchen hatte sie vorgestern den Armin gekratzt, als er in grober Weise ihr Brüderchen die Treppe hinuntergestoßen, und mit diesen Nägelchen hätte sie jetzt des Balthasars Gesicht furchtbar zugerichtet, wenn er zur Stelle gewesen wäre. Glühend rot waren ihre Wangen, und der Atem ging keuchend. Suchend wanderten ihre Augen umher, als ob sie den bösen Zigeuner irgendwo finden müßten. Da blieb ihr Blick haften an dem Mann auf der Straße, dem Mann mit dem dunklen Überzieher und dem Reisetäschchen. Wie gebannt schaute sie ihm einen Moment ins Angesicht. Da plötzlich fährt sie in die Höhe mit gellendem, jubelndem Schrei. »Onkel Theophil!« hallte es in mächtigen Tönen durchs Zimmer. Mit zwei Sprüngen ist Hannchen am Fenster, mit dem dritten steht sie oben auf dem Gesims, und jetzt — Tante Emma, die eilends herzurannte, kam längst zu spät — jetzt ist sie schon flink wie ein Eichhörnchen herunter geklettert und dem Onkel in die Arme geflogen. Droben an den Fenstern standen die Kinder Kopf an Kopf. Vergessen waren Karussel und Jahrmarktbuden, vergessen Balthasar und Zigeunerfriedel, vergessen ob dem einen großen Wort: Onkel Theophil! Hatte nicht Hannchen schon oft und erst gestern wieder von ihm erzählt? Erzählt von ihren prächtigen Ferien in Basel bei Onkel und Tante? Hatte es nicht einst die Photographie in die Schule bringen und ihn allen zeigen dürfen, den prächtigen Onkel? Hatten sie nicht alle einen ganz besonderen Respekt vor Hannchen und ihren zwei Brüdern, weil sie diesen Onkel besaßen, den Onkel Theophil?

Und jetzt war er da! Und wie bestürzt er aussah, ganz verlegen und erschrocken. Er hatte ja gar nicht daran gedacht, daß die Kinder ihn sehen würden, und nun war eine so furchtbare Revolution im Kindergarten ausgebrochen, alles war außer Rand und Band gekommen nur wegen ihm. Das hatte er nicht beabsichtigt. Aber das große Durcheinander währte nicht lange. Tante Emma klatschte in die Hände, und im Nu gab es Ruhe. »Kinder, nun singen wir dem Onkel ein hübsches Liedchen, ja?« Begeistert stimmten die Kleinen zu, Tantes Stimmgabel gab den Ton an, und: »Mir sind chlini Musikante« tönte es alsbald lustig und fröhlich aus fünfzig kleinen Mäulchen, während hundert flinke Händchen dazu trompeteten, geigten und aus Leibeskräften trommelten. Kaum war der letzte Ton verklungen, so verkündete die Kreuzkirche mit vier lauten Schlägen, daß es Zeit sei, zu schließen. Wohl hätten die Kinder gar zu gerne noch die Geschichte vom Zigeunerfriedel gehört, aber doch mochten sie es kaum erwarten, den Onkel ganz aus der Nähe zu sehen. Darum waren sie alle zufrieden, als ihnen die Tante den Schluß der Geschichte für morgen in Aussicht stellte und sie nach kurzem entließ. Wie ein fröhlicher Bergbach stürmten sie zum Tore hinaus, und jedes wollte des freundlichen Mannes Hand drücken. Hannchen aber sorgte dafür, daß keines an derselben zu lange hängen blieb; mit großer Beharrlichkeit stieß es jedes der Kinder nach erfolgtem Gruße wieder weg, um zu zeigen, daß hier niemand als es das Recht habe, geführt zu werden. Der Trupp setzte sich in Bewegung, Hannchen immer an Onkels Seite, triumphierend bald links und bald rechts blickend, als wollte es sagen: »Gäll he, dä g'hört mine!« Die Gesellschaft wurde allmählich kleiner, indem bei jeder Wegkreuzung wieder einige Kinder abschwenken mußten, und endlich waren der Onkel und Hanni allein. Jetzt bogen sie in die Hofackerstraße ein, und schon sah man das elterliche Haus in der Nähe, als plötzlich in großen Sprüngen Hannchens siebenjähriger Bruder dahergerannt kam. »Ein Schwesterchen, ein Schwesterchen!« so rief er schon von weitem; »man kann nicht hinein, es ist geschlossen, es ist geschlossen, aber es ist wahr, der Storch hat es gebracht, und er hat die Mutter ins Bein gebissen, und die Frau Burkhard ist da, und der Herr Doktor ist schon wieder fort, und er hat eine gelbe Tasche gehabt mit etwas darin, aber ich weiß nicht was! Und zur Taufe, da dürfen wir Kutsche fahren, und dann sitze ich vorn auf dem Bock!« »Nein, da sitze ich, ich bin älter als du,« fiel plötzlich Walter ein, der soeben dazu gekommen war, und sicherlich hätte es einen artigen Streit abgesetzt, wenn nicht auf einmal beide den Onkel erkannt hätten. »Onkel Theophil«, jubelten sie, fielen ihm um den Hals und küßten ihn zum Willkomm. Derweil stob Hannchen mit Windeseile davon, auf das Haus zu. »O bleib nur da,« riefen ihm die Buben nach, »oben lassen sie dich doch nicht hinein!« Aber Hannchen hörte nichts und war schon hinter der Haustüre verschwunden. Ein neues Schwesterchen, ha wie fein, das mußte sie sehen!

»Wann ist denn das Schwesterchen gekommen?« fragte unterdessen der Onkel die Knaben. »Heute mittag«, berichtete eifrig Walter, »grad vorhin kamen wir aus der Schule, da stand oben auf der Treppe die Luise, unser Mädchen, hob den Finger auf und machte: »Pst, ganz leise, sonst weckt ihr das neue Schwesterchen; vor einer Stunde hat der Storch es gebracht!« Und dann sagte sie noch, die Mutter sei krank, wir sollten nur gleich in den Garten und spielen, aber ohne zu lärmen.« »Ja, und jetzt sind wir sieben«, rief stolz der kleine Fritz, »sechs und eins sind sieben, das haben wir gestern in der Schule gelernt.« »Ruft nicht so laut,« mahnte der Onkel; »seht, da kommt Hannchen schon wieder.« Richtig, da kam sie, aber ganz mit gesenktem Köpfchen. Sie war wirklich nicht hineingelassen worden droben, Luise hatte sie wieder hinuntergeschickt in den Garten, gleich wie die andern. Große Tränen glänzten in ihren Augen, und als nun der Onkel seine kleine Nichte liebkosen und trösten wollte, da brach sie in heftiges Schluchzen aus. »Ich mag den Storch nicht, nie, nie soll er mir kommen, was braucht er der Mutter weh zu tun?« »Ja, er hat sie ins Bein gebissen,« berichtete nochmals Fritz. Aber der Onkel schüttelte den Kopf: »Das glaube ich nicht; wer hat es dir denn gesagt?« »Die Frau Weber im Stockwerk unter uns, und sie hat ihn ja gesehen.« »Nein, Fritzchen, Frau Weber hat ihn n i c h t gesehen,« erwiderte jetzt sehr bestimmt der Onkel. Und, als fiele ihm plötzlich etwas ein, fuhr er fort: »Kinder wißt ihr was, wir gehen miteinander ins Gartenhäuschen, ich will euch etwas erzählen, denn laut spielen und lärmen dürft ihr jetzt doch nicht!« »O ja, o ja, eine Geschichte, eine Geschichte!« Jubelnd geleiteten die Kinder den Onkel durch den hübschen Garten zu einem aus leichten Holzlatten gezimmerten Häuschen, das mit seinem prächtigen grünen Laubdach und den hübschen grünen Stühlen rings um den runden Gartentisch ein reizendes Plätzchen war, wie geschaffen zum Geschichten-Erzählen. Aber siehe da, der Tisch war schon besetzt: Ruth, Elsa und Karl, die drei größeren der sechs Geschwister, saßen rings herum, und außerdem noch Frieda und Hedwig, die beiden Cousinen und unzertrennlichen Gefährtinnen der Kinder. Sie spielten zu Vieren »Eile mit Weile,« während Elsa als fünfte eifrig den Kampf der Farben verfolgte und jedesmal laut herauslachte, wenn wieder eines »heimgejagt« wurde. Jetzt sah Elsa auf, erblickte den Onkel, und mit einem Sprung hing sie ihm am Halse; die andern folgten, und jetzt wäre der gute Onkel beinahe erstickt unter der Zahl der Arme, die ihn von allen Seiten umfingen, und unter den Küssen, mit denen ihn seine zärtlichen kleinen Neffen und Nichten begrüßten. Da schüttelte er mit einem Ruck alle die krabbligen Kletterer von sich ab, gratulierte ihnen herzlich zum neuen Schwesterlein, und dann hieß er alle achte absitzen, während er selbst oben am Tische Platz nahm.

»Onkel, nun erzähl' uns ein Märchen!« rief Walter. »Nein, lieber eine wahre Geschichte,« übertönte ihn Fritz. »Vor allem wünsche ich, daß ihr hübsch ruhig seid, während ich rede,« nahm nun der Onkel das Wort. »Ich erzähle euch heute eine wahre Geschichte, etwas Hohes und Ernstes, etwas Uraltes und doch immer wieder Neues; ich will euch erzählen, w i e d e r l i e b e G o t t d i e K i n d e r e r s c h a f f t !«

Da wurden die Kinder plötzlich ganz still! Sie dachten an ihr neues Schwesterlein droben im zarten Bettchen, das sie heute abend zum ersten Male sehen sollten, und nun durften sie hören, wie der liebe Gott das kleine Kindlein erschaffen habe. Und nicht von einem Jungen oder Mädchen sollten sie es vernehmen, sondern vom Onkel, der nie etwas Unwahres sagte, auf dessen Worte man sich verlassen konnte, wie auf Felsen. »Wirklich Onkel, das willst du uns erzählen? Weißt du es denn auch ganz sicher?« fragte ganz glücklich Frieda. »Aber Frieda«, erwiderte vorwurfsvoll ihre Schwester, »der Onkel weiß doch alles!« »Ich weiß es auch«, rief fröhlich der kleine Fritz, »der Storch bringt sie!« Da mußten die Großen herzlich lachen. »O du Dummerle,« meinte Karl, »ein Storch kann doch gar nicht ein sechs Pfund schweres Kindlein im Schnabel tragen, er muß froh sein, wenn er stark genug ist, ein fettes, zappelndes Fröschlein zu halten. Und denke doch vom Himmel bis nach Zürich, das wäre doch ein furchtbar weiter Weg!« Jetzt aber wehrte sich Walter wacker für den Storch: »Der Storch bringt sie sicher, ich weiß es; Tante Selma hat in ihrem Album eine Karte, da sieht man's gemalt. Aber er trägt das Kind nicht im Schnabel, es reitet auf seinem Rücken!« Da lachten aber die Großen noch mehr als zuvor. »Ein ganz Kleines kann ja noch gar nicht sitzen,« versicherten sie; »sogar der Ruedi Brenner sitzt noch nicht einmal allein, und der ist doch sieben Monate alt.« Da wurden der Walter und die übrigen Anhänger des Storches ganz kleinlaut und sagten nichts mehr.

Dafür meldete sich jetzt Hannchen zum Wort. »Ich weiß es; der liebe Gott hat im Himmel eine große Maschine, mit der macht er die Kinder; und dann bringen die Engel des Nachts die Kindlein auf die Erde, in alle Häuser, wo die Leute darum gebeten haben. In unserer Wohnstube hängt ein Bild, da sieht man gerade, wie ein schöner Engel mit einem Kleinen hinunterfliegt.«

Und so berichteten die Kinder noch manches, rieten hin und her, aber keines wußte es recht, wie der liebe Gott die Kindlein macht. Darum rückte jetzt der Onkel seinen Stuhl zurecht, und indem er freundlich rings im Kreise herumblickte, wo lauter erwartungsvolle Gesichter auf ihn gerichtet waren, begann er mit klarer Stimme seine Erzählung und sagte:

»Zuerst müßt ihr wissen, daß wirklich der Storch keine Kinder bringt. Ihr kennt ja alle die Geschichte vom Rotkäppchen; aber sie ist nur ein Märchen, denn ein Wolf kann doch keine Großmutter hinunterschlucken. Und ihr kennt die Geschichte vom gestiefelten Kater, aber auch sie ist ein Märchen, denn eine Katze kann doch keine Schuhe anziehen und darin herumspringen. Und gerade so ist auch die Geschichte vom Storch ein Märchen, denn ein Storch kann doch keine Kindlein tragen. Man erzählt das nur zum Spaß den Kleinen, weil sie gerne Märchen hören; aber wenn die Kinder größer werden, dann sagt man ihnen, daß es nur ein Spaß war. Es ist grad wie mit dem St. Niklaus. Die Kleinen meinen, der alte Mann mit dem langen weißen Barte wohne draußen im Walde, und fürchten sich sehr vor ihm. Aber die größeren Kinder, so wie ihr seid, die wissen schon, daß es ja gar keinen Niklaus gibt im Walde, und daß das alles nur Märlein sind.

Also der Storch bringt die Kinder nicht. Aber wer denn? Vielleicht doch die Engel? Nein, auch die Engel nicht, sonst hätten wir sie sicher schon oft über den Häusern schweben sehen, denn es kommen ja alle Tage viele Kindlein zur Welt. Natürlich hätte der liebe Gott Englein genug, aber er braucht sie zu andern Dingen, und hat eine viel bessere Weise ersonnen, den Menschen Kindlein zu schenken. Er dachte nämlich: was man geschenkt bekommt, das freut einen, was man aber selber verdient hat, das freut einen noch viel mehr. Darum will ich den Menschen die Kindlein nicht einfach wie ein Geschenk auf den Tisch legen, sondern sie sollen sich die Kindlein selber verdienen, dann werden sie um so größere Freude an ihnen haben. Und ihr werdet gleich merken, wie recht der liebe Gott hatte, als er so dachte.

Denkt euch einmal zwei Knaben, die auf dem Gipfel eines hohen Berges die Aussicht bewundern. Der eine ist mit der Bahn hinaufgefahren; der andere aber hat den ganzen langen, steilen Weg zu Fuß gemacht. Welcher von beiden wird wohl die größere Freude an der prächtigen Aussicht empfinden? Gewiß der zweite Knabe; denn er hat durch viele Anstrengung und manchen Schweißtropfen die prächtige Aussicht sozusagen verdient, sie kommt ihm vor wie ein reicher Lohn für die gehabte Mühe. — Oder denkt euch zwei Freunde, von denen jeder eine wertvolle Markensammlung besitzt. Welcher wird mehr Freude an derselben haben, derjenige, der sie vom Großvater geschenkt bekommen, oder der, welcher sie selber im Laufe von Jahren durch viel Fleiß und manchen ersparten Batzen zusammengetragen hat? Ihr denkt doch auch der letztere, nicht wahr? Und ihr glaubt doch auch, daß es schöner sein muß, ein Häuschen als eigen zu besitzen, für das man zwanzig Jahre lang gearbeitet und gespart, als wenn man es von einem reichen Vetter geerbt hat? Und so könnten wir noch manche Beispiele nennen, die alle uns dasselbe lehren: *Was wir selber erarbeitet, durch Anstrengung erworben haben, macht uns größere und tiefere Freude, als was uns mühelos in den Schoß gefallen ist.*

Das weiß nun unser Vater im Himmel, von dem ja alle guten Gaben kommen, sehr wohl, und darum legt er den Menschen die herrlichsten Gaben, die er zu schenken hat, die kleinen Kindlein, nicht einfach in den Schoß, sondern sie müssen sich dieselben verdienen. Zwar nicht so, wie ein Arbeiter seinen Taglohn verdient; denn ein einziges Kindlein mit seiner unsterblichen Seele ist viel wertvoller und kostbarer, als alle Arbeit, die ein Mensch leisten kann. Aber doch so, daß ein Vater und eine Mutter viel bezahlen müssen, um ein Kindlein zu haben.

Nun fragt ihr aber ganz verwundert: bezahlen? Kann man denn kleine Kinder um Geld kaufen? Ja wohl, bezahlen müssen die Eltern! Zwar nicht Geld, aber viel Arbeit, Mühe und Schmerzen! Drum kommen die Kinder nicht wie die Sechsjährigen auf die Welt, die schon allein essen, springen und zur Schule gehen können, sondern Gott gibt sie den Eltern klein und ganz unbeholfen. Ein junges Hühnchen schlüpft aus dem Ei und springt gleich davon, ein junges Menschlein aber braucht ein ganzes Jahr, bis es die ersten Schritte wagt. Da muß die Mutter es herumtragen, ausfahren, trocken legen, ihm die Nahrung reichen und hunderterlei andere kleine Dienste erweisen, und wenn es endlich allein gehen kann, dann müssen Vater und Mutter ihm erst recht auf Schritt und Tritt nachgehen, und oft in tausend Ängsten sein, damit ihm ja nichts Böses zustoße.

Seht ihr's jetzt, wie die Eltern M ü h e und A r b e i t bezahlen müssen, bis sie ein großes Kind haben? Aber wir haben gehört, daß es auch S c h m e r z e n kostet, ein Kindlein zu bekommen, und von diesen Schmerzen wollen wir auch noch reden.

Zuerst aber muß ich euch etwas ganz Wunderbares sagen. Ihr wißt, wie es zugeht, wenn ein junges Vögelchen entsteht. Das Vogel-Weibchen legt ein Ei, setzt sich eine Zeitlang darauf, und wenn es inwendig im Ei schön warm geworden ist, hört man auf einmal ein ganz kleines Schnäbelchen gegen die Schale picken, ein Löchlein entsteht, und schwipps, schlüpft das junge Vögelchen heraus.

Und nun denkt euch: a u c h d i e k l e i n e n K i n d l e i n s c h l ü p f e n a u s e i n e m E i ! Ist das nicht wunderbar? Nun meint ihr aber: o, das kann nicht möglich sein, denn noch nie sahen wir ein solches Ei!

Aber hört nur weiter. Niemand kann dieses Eilein sehen, denn es liegt an einem ganz stillen, traulichen Örtlein verborgen: im Schoße der Mutter! Ihr wißt ja, wie es inwendig im Menschen viele merkwürdige Dinge hat, und ihr würdet staunen, wenn ihr irgendwo ein Deckelchen öffnen und hineingucken könntet. Da würdet ihr bei eurer Mutter oben im Kopfe jenen wunderbaren Nervenapparat sehen, mit dem sie an euch denkt und sinnt; weiter unten, im Brustraume, da könntet ihr das Herz betrachten, das Tag und Nacht so treu für euch schlägt; und noch etwas tiefer, da würdet ihr zwei wunderbare Kästlein finden, und in diesen eine Anzahl allerliebster runder Eierchen, aus denen neue Kindlein werden. Die Kästchen sind verschlossen, und ratet mal, wer darf sie wohl öffnen? Der Vater! Durch seine große Liebe zu der Mutter tut sich das Türchen auf, ein Eilein kommt heraus, setzt sich auf ein hübsches, weiches Polsterchen ganz tief im Schoße der Mutter, und fängt nun an, zu wachsen.

Zuerst ist es kaum so groß, wie ein Stecknadelkopf. Nach und nach aber wird es immer größer, zuletzt wie eine große Puppe. Die Schale des Eies ist ganz weich, wie Sammt, und unter ihr schlummert mit geschlossenen Äuglein das neue Kindlein.

Dann fragt vielleicht ein Mädchen:

»Mutter, warum bist du auch nicht mehr dünn und schlank wie früher, und hast einen so großen Leib?« Und die Mutter sagt: »Weil's da ein Brüderchen oder Schwesterchen für dich drinnen hat; das ist schon groß und braucht viel Platz.« »War ich denn auch da drinnen, liebe Mutter?« fragt das Mädchen weiter. »Gewiß, du kleiner Schelm, und zwar so groß und schwer, ich mochte dich kaum tragen!« Da lacht die Kleine lustig: »O Mutter, ich freue mich, bis ich ein Schwesterchen oder Brüderchen habe; geht's wohl noch lange?«

Aber es geht nicht mehr lange. Denn wenn das Kindchen fertig gewachsen an seinem warmen Plätzchen, dann legt sich die Mutter zu Bette, und durch eine kleine Öffnung schlüpft das neue Menschlein auf die Welt. Das nennt man die G e b u r t , und der Tag, an dem ihr euer Mütterchen verlassen habt und auf die Welt gekommen seid, ist euer G e b u r t s t a g .

Oft hat die Mutter tüchtige Schmerzen dabei, drum ist sie nachher müde und muß einige Tage zu Bette bleiben, damit sie ausruhen kann. Dann sagen manche Leute: »Schaut her, der Storch hat eure Mutter ins Bein gebissen, darum ist sie nun krank.« Ihr aber wißt jetzt, daß das gar nicht wahr ist, sondern daß die Mutter bloß zum Ausruhen einige Zeit liegen muß, weil ihr die Geburt Schmerzen verursacht hat.

Darum ist jetzt auch Frau Burkhard da, die Walter oben gesehen hat. Sie ist die H e b a m m e , das heißt eine Frau, die man jedesmal ruft, wenn eine Geburt herannaht. Sie hilft den Müttern in ihrer schweren Stunde, lindert ihnen die Schmerzen so gut sie kann, und nimmt das neugeborene Kindlein in Empfang, um es sorgsam in das bereitgehaltene Bettchen zu legen. Euch alle hat Frau Burkhard in ihren Armen gehalten, als ihr kaum den ersten Atemzug getan; darum ist sie euch allen so anhänglich und freut sich eures gesunden und kräftigen Heranwachsens.

Bisweilen wenn die Schmerzen der Mutter sehr stark sind oder sonst ein wichtiger Rat nötig ist, ruft die Hebamme noch den Arzt herbei. Ihr habt ja fast alle schon drunten am Kreuzplatz an dem großen

Eckhause die Tafel gelesen: Dr. Fretz, Arzt und Geburtshelfer. Oft muß er seinen Schlaf brechen und mitten in der Nacht an ein Geburtslager eilen. Aber sowohl er, wie Frau Burkhard tun es mit Freuden, weil sie es für eine hohe Ehre halten, einem neuen Kindlein ins Dasein zu helfen. Sie dürfen mitwirken an der wunderbarsten Tat unseres Vaters im Himmel, an der Erschaffung der Menschen.« —

Der Onkel machte eine Pause. Träumerisch blickte er hin nach dem rot glühenden Abendhimmel, wo sich eben die Sonne, die Fürstin und Spenderin alles Lebens, zum Untergehen anschickte. Auch die Kinder saßen regungslos still, kaum hörte man sie atmen. Ihre Gedanken schweiften hinauf zum Mütterlein, dem sie ihr Leben verdankten, das eben jetzt mit Schmerzen ihnen wieder ein Schwesterlein geschenkt hatte. O wie schön war, was der Onkel ihnen erzählt hatte, wie unendlich viel schöner, als das Märlein vom Storche! Beim Mütterlein waren sie gewesen, lange bevor sie zur Welt gekommen, unter ihrem treuen Herzen hatten sie geruht, wie zarte keimende Pflänzlein in weicher Erde!

Mild flutete das Licht der Abendsonne durch die Blätter der kühler werdenden Laube und beleuchtete die nachdenklichen Kindergesichter mit lieblichem Glanze.

»Seht Kinder«, fuhr jetzt langsam der Onkel fort, »so wie jetzt dieser Tag zur Neige geht, so geht auch unser irdisches Leben, das so wundersam begonnen, einst zu Ende. Freudig und jubelnd stehen die Menschen am Bettchen des Neugeborenen und lauschen entzückt seinem ersten Atem; traurig und weinend stehen sie nach Jahren um das Lager des gleichen Menschen, nachdem er seinen letzten Hauch getan. Und dann legt man den still und kalt gewordenen Körper in die Erde. O wie weh tut es einem Mutterherzen, wenn sie ihr Kindlein nach kurzem Dasein wieder verlieren muß; wenn das Leben entflieht, das sie mit Wonne ihm einst gegeben.

Aber schaut, liebe Kinder, dort die untergehende Sonne spendet uns Trost in solchem Leide, sie hält uns eine mächtige Predigt von der Unvergänglichkeit des Lebens. Denn so wie sie jetzt niedersinkt und Dunkelheit zurückläßt, aber strahlend am Morgen wieder emporsteigt zum neuen Tage, so wird auch ein verstorbenes Kindlein neu erwachen zu schönerem Leben. Und gleich wie die Sonne nach langem Winterschlafe neues Leben aus der toten Erde hervorzaubert, so daß

Blättlein und Blümlein sprießen überall, so wird auch Gott die in ihm Entschlafenen erwecken zu herrlichem, ewigem Leben.

Und die Sonne, die das zu stande bringt, ist unser Herr Jesus Christus. Er selber ist das Leben, durch ihn hat Gott die Welt und auch uns erschaffen, und seine Verheißung lautet: Ich lebe, und ihr sollt auch leben! Und nun denkt euch, wiewohl er der Sohn des allmächtigen Gottes ist, ist er doch ein armes kleines Kindlein geworden, wie wir. Mit Schmerzen hat ihn Maria geboren, und nicht in vornehmem, prächtigem Haus, sondern in einem Stall zu Bethlehem. Bleich und müde lag sie da, als die Hirten kamen, um das Jesuskindlein anzubeten. Und so ist durch das Wunder der Geburt der Herr Jesus unser Bruder geworden, unser wahrhaftiger und leiblicher Bruder. War schon vorher die Geburt eines Menschen etwas Hohes und Heiliges, so ist sie es noch viel mehr, seit der Herr Jesus als kleines Kindlein zur Welt gekommen. Und bedeutete es schon vorher eine hohe Ehre und Würde für die Frauen, dem lieben Gott helfen zu dürfen bei der Erschaffung neuer Menschen, so jetzt noch viel mehr, seit Maria gewürdigt wurde, den König aller Könige unter ihrem Herzen zu tragen!« —

Unterdessen war die Dämmerung hereingebrochen. Die Kinder saßen da in tiefem Entzücken. Noch nie hatte ihnen jemand so herrliche Dinge erzählt. »O Onkel, wenn du nur immer da bleiben würdest!« brach jetzt Hannchen das Schweigen. Es schlang seine Ärmchen kosend um den Onkel und wollte ihm auf die Knie klettern. Er aber stellte die Kleine sanft auf den Boden und erhob sich. »Bleibt ruhig da,« mahnte er, »ich gehe jetzt leise hinauf, und wenn euer Mütterchen es erlaubt und wohl genug ist, will ich euch alle rufen.«

Mit großer Herzlichkeit wurde er droben empfangen und gleich zum Bett seiner Schwester, die die Mutter der Kinder war, geführt. »Ist alles gut gegangen?« war seine erste Frage. »Gott sei Dank,« antwortete sie freudig, »der Arzt ist sehr zufrieden. Wir haben ihn zur Vorsorge kommen lassen, aber er brauchte nicht einzugreifen. — Aber nun hör' mal, Theophil, seit wann bist du eigentlich hier, dein Zug kam doch vor vier Uhr an, und jetzt ist's bald sieben?« Der Onkel lächelte schalkhaft und sagte: »In eurer prächtigen Gartenlaube bin ich gesessen, da ist es so schön!« »Ganz allein?« »Ganz allein mit deinen sechs Kindern und ihren Cousinen. Ich habe ihnen eine Geschichte erzählt!« — »O, du goldiger Bruder, drum war es so still seit zwei

Stunden; nicht einmal von Hannchen, dem Wildfang, habe ich einen Laut gehört. Was erzähltest du denn?« »Etwas sehr Schönes: Wie der liebe Gott die Kindlein erschafft!«

Groß und verwundert blickte Frau Hotze ihren Bruder an; »ist es dein Ernst, Theophil?« »Mein völliger Ernst! Du kennst ja seit langem meine Überzeugung in dieser Hinsicht; wir wollen unsern Kleinen das köstliche Geheimnis nicht so lange vorenthalten, bis Kameraden auf der Straße es ihnen, vielleicht auf eine gar unschöne Weise, beibringen. Und da ich wußte, daß du erst kürzlich die gleiche Ansicht geäußert, habe ich die Gelegenheit ergriffen und den Kindern erzählt von den Wundern des Lebens!«

Da verklärte dankbare Freude der Mutter Antlitz. »O du lieber Bruder, komm her, daß ich dir danke. Welch großen Dienst hast du mir getan. Schon lange paßte ich auf eine Gelegenheit, meine Kinder in dieses Geheimnis einzuweihen, aber sie wollte sich nie bieten. Dazu braucht es eine ruhige Stunde, aber wo findet man die in unserm lebhaften, arbeitsreichen Haushalt? Habe herzlichen Dank! Doch nun bring mir die Kinder, die lieben, damit sie ihr Schwesterchen sehen und ich sie umarme, denn nun verlangt es mich doppelt nach ihnen.«

Das ließ sich der Onkel nicht zweimal sagen, und bald stand er wieder vor der Laube im Garten, wo die Kinder eifrig flüsternd im Halbdunkel saßen und klopfenden Herzens auf den großen Moment warteten, da man sie rufen würde. »Nun dürft ihr alle kommen«, sagte er mit gedämpfter Stimme, »aber seid ja recht ruhig!«

Das letztere hätte der Onkel nicht zu sagen brauchen, denn ganz von selbst gingen alle auf den Zehenspitzen über die Kieswege, dann leise über die Treppen hinauf, und jetzt standen sie vor der geheimnisvollen Türe. Keines wagte zu öffnen, fast hörbar klopften die Herzen. Da drehte sachte der Onkel den Riegel, und im stillen Gänsemarsch traten sie über die Schwelle und sahen die Mutter, etwas bleicher als sonst, in den Kissen liegen.

Aber jetzt konnte sich Hannchen nicht länger halten. Mit einem Jubelschrei stürzte es sich an das Bett, kletterte wie ein Kätzlein hinauf und umarmte stürmisch die Mutter, als wollte es sie nie mehr loslassen. »Mutti, hast du stark Schmerzen gehabt?« fragte die Kleine. »Nein Herzchen, diesmal nicht so sehr, das letztemal war es schlimmer!« »Das letztemal? O Mutti! das war ja ich! aber ich kann ganz sicher nichts dafür. Und gleichwohl hast du mich lieb?« »Erst recht, mein Hannchen; alle hab' ich euch mit Schmerzen geboren, drum seid ihr alle mir so lieb.« Und eins ums andere kam, um die Mutter zu küssen, und mehrmals war die Wange ganz naß, die die Kinder an das Angesicht ihres Mütterchens schmiegten.

Jetzt aber kam das Schwesterchen an die Reihe. Winzig klein, die Äuglein geschlossen, lag es warm eingehüllt in seinem Korbe und hatte keine Ahnung, daß es von vielen neugierigen Kinderaugen liebend betrachtet werde. Keines wagte sich ganz nahe, nur Hannchen streckte ihren rechten Zeigefinger aus und tupfte ganz sachte an das Näslein der Kleinen, um zu sehen, ob es auch wirklich warm und lebendig sei. Dann kam Frau Burkhard und führte die Kinder hinaus. Luise gab ihnen das Nachtessen, und bald lag jedes sanft schlafend in seinem Nestchen, nachdem noch der Onkel statt der Mutter die Runde gemacht und ihnen den Gute-Nacht-Kuß gegeben hatte. —

Am andern Vormittag durften alle Kinder ins Schlafzimmer, um zu sehen, wie Julchen — so mußte das neue Schwesterchen heißen — den ersten Schoppen bekam an der Brust seiner Mutter. Hannchen stand zur Erlangung besserer Übersicht auf den Schemel und war ganz entzückt über die lustige Weise, wie Julchen seinen kleinen niedlichen Mund spitzte zum Saugen.

»Aber Mutter, warum gibst du dem Kinde nicht aus der Flasche, wie Tante Gertrud?« fragte Hannchen ganz erstaunt; »habe ich denn auch an deiner Brust getrunken, als ich klein war?« »Natürlich, mein Kind,« antwortete die Mutter, »euch allen habe ich von meiner Milch geben können. Denn der liebe Gott schafft nicht nur die Kinder im Schoß der Mutter, sondern er gibt ihr auch eine Nahrung in ihre Brust, von der das Kind trinken soll nach der Geburt, manchen Monat lang, bis es seine Zähne bekommt und sitzen kann.« —

Nach dem Mittagessen erschien der Vater, der von einer großen Geschäftsreise heimkam und nicht wenig erstaunt war über das vorgefallene große Ereignis, das er erst für die nächste Woche erwartet hatte. Hannchen wich nicht von seiner Seite und erzählte ihm alles genau, so daß ihr Plaudermäulchen keinen Moment stille stand. »Und weißt du,« berichtete der kleine Wildfang eifrig, »Mutti gibt dem Julchen selber zu trinken, sie braucht gar keine Flasche, und Julchen kann schon ordentlich saugen, ganz von selbst, es hat ihm's niemand gezeigt. Ich will schnell Mutti fragen, ob du auch mal zusehen darfst; wenn du auf den Schemel stehst, siehst du es sehr gut!« —

Abends mußte dann der Onkel verreisen, die drei Großen begleiteten ihn auf den Bahnhof. Als aber vier Wochen um waren, an einem prächtigen Sonntage, da kam er wieder, diesmal samt seiner Frau, der Tante, und zwar zu Julchens Taufe als Pate. Groß war die Freude im Hause Hotze! Und als nun gar zwei große Landauer vorfuhren, das Julchen im prächtigen Paradetuch hineingetragen wurde, und auch Muttchen, das längst wieder auf den Beinen war, einstieg, da war der Jubel unbeschreiblich. Karl durfte vorne und Fritz bei der hintern Kutsche auf den Bock steigen, Hannchen aber dem Vater auf den Schoß sitzen. Die drei Großen fuhren mit Onkel und Tante im zweiten Wagen. Kein Wölklein trübte den herrlichen Tag, wie im Fluge gingen nach der ernsten kirchlichen Feier die schönen Stunden zu Hause dahin.

Um sechs Uhr mußten die Basler Abschied nehmen, zum großen Leidwesen aller. Hannchen hätte sicherlich geweint, wenn nicht schnell die Mutter ihm versprochen hätte, es dürfe heute Abend dem Julchen das neue Schlüttli, das die Tante gebracht, ganz alleine anziehen. Das wirkte, und tapfer schluckte es seine Tränen hinunter.

»War's nicht ein schöner Tag, Kinderchen?« fragte der Onkel beim Abschied. »Ja«, riefen sie alle, »aber halt am allerschönsten war es vor vier Wochen im Gartenhäuschen, als du uns erzähltest, wie der liebe Gott die Kindlein erschafft!«

Schlußwort
an alle Kinder, welche diese Erzählung gelesen haben.

So, nun wißt auch Ihr, wie die Kindlein zur Welt kommen, denn es ist wirklich genau so, wie der Onkel berichtete. Nun braucht Ihr nicht mehr die Köpfe zu strecken, wenn ein Bub in der Schulpause ganz leise vom Werden der Kindlein berichtet, oder wenn ein Mädchen auf dem Heimwege meldet, es wolle Euch etwas sagen, aber kein Mensch dürfe es wissen — und dann erzählt es, wie die Kinder geboren werden. Da sagt Ihr dann einfach: O, das wissen wir schon lange, das hat uns ja die Mutter zu lesen gegeben! Nie werdet Ihr von nun an dabei sein, wenn über diese ernsten Dinge heimlich und unschön geredet wird, und nie werdet Ihr mithelfen, wenn Kameraden lachen über eine Frau, weil man merkt, sie werde bald ein Kindlein haben. Von einer solchen Frau sagt man: sie ist »in gesegneten Umständen«, weil Gott einen großen Segen auf sie gelegt hat; darum sollen wir sie mit Achtung, ja mit Ehrfurcht grüßen. Ist Euch noch etwas nicht klar, so fragt Eure Eltern, die wissen es besser, als vorwitzige Schulkinder. —

So recht werdet Ihr dies allerdings erst verstehen, wenn Ihr groß seid. Vielleicht wird dann dem einen oder andern von Euch auch ein liebes Kindlein geschenkt, und dann werdet Ihr an den Onkel denken im Gartenhäuschen und mit ihm sagen: es ist etwas Herrliches und Wunderbares, wenn der liebe Gott neues Leben erschafft!

9 789356 711662

Printed at Repro India Ltd.